Mi vida con
una **abuela** con enfermedad
de **Alzheimer**

escrito por **Mari Schuh** • arte por **Alice Larsson**

ILLUSTRATED

Publicado por Amicus Learning, un sello de Amicus
P.O. Box 227, Mankato, MN 56002
www.amicuspublishing.us

Editora: Rebecca Glaser
Diseñador de la serie: Kathleen Petelinsek
Diseñador de libro: Lori Bye

Library of Congress Cataloging-in-Publication Data

Cataloging-in-Publication data is available from the Library of Congress.
Library Binding ISBN: 9781645498070
Paperback ISBN: 9781681529967
eBook ISBN: 9781645498117

Impreso en China

Acerca de la autora

El amor de Mari Schuh por la lectura comenzó con las
cajas de cereal en la mesa de la cocina. Actualmente, es
autora de cientos de libros de no ficción para lectores
principiantes. Con cada libro, Mari espera ayudar a los niños
a aprender un poco más sobre el mundo que los rodea.
Encuentra más información sobre ella en marischuh.com.

Acerca de la ilustradora

Alice Larsson es una ilustradora originaria de Suecia que vive en
Londres. Creativa por naturaleza, le emociona poder conectar
los personajes con las historias a través de su trabajo. Aparte de
dibujar, a Alice le encanta pasar tiempo con su familia y amigos,
además de leer libros y viajar, ya que así desata su creatividad.

¡Hola! Me llamo Elías. Soy un niño ocupado. Me gusta la natación, el baile de salón y la robótica. Vivo con mi mamá, mi papá y mi hermana Catalina. Mi abuelita Mirian también vive con nosotros. La cuidamos porque ella tiene enfermedad de Alzheimer. Déjame contarte sobre mi abuelita y yo.

3

Mi abuelita tenía 61 años cuando su doctor le dijo que tenía enfermedad de Alzheimer. Esta enfermedad afecta en general a personas de más de 65 años. Los doctores no saben qué la causa. No hay cura, pero las medicinas a veces pueden ayudar.

La enfermedad de Alzheimer destruye las células del cerebro. Partes del cerebro dejan de funcionar. Las personas se vuelven olvidadizas y pierden la memoria lentamente. La enfermedad empeora con el paso del tiempo. Afecta la forma en que las personas piensan, sienten y actúan.

Los signos de la enfermedad de mi abuelita comenzaron hace mucho tiempo, años antes de que yo naciera. Mamá y papá notaron que ella se olvidaba de los cumpleaños de las personas. Se olvidó de arreglarse para las festividades. También se olvidó de reunirse con sus amigas para almorzar.

Después de muchos años, la memoria y la salud de mi abuelita empeoraron lentamente. En el trabajo, no recordaba cómo hacer su trabajo. Tuvo que jubilarse. No podía cuidarse bien a sí misma. Comía mucha comida chatarra y dulces.

Nuestra fe nos inspira a ayudar a mi abuelita. Ella ya no podía vivir sola. Se mudó a nuestra casa para que pudiéramos cuidarla. Mi abuelita nos contaba historias. Me escuchaba platicar sobre la escuela y los deportes.

Mamá y papá hicieron un plan para ayudarla a estar más sana. Ahora, ella come comidas saludables como verduras. También toma vitaminas. Todos los días, hace ejercicio. Mi abuelita está más fuerte que nunca.

Nuestra familia vivía en Canadá, donde hace mucho frío. Salíamos poco debido al clima frío. Decidimos mudarnos a Florida, donde podíamos disfrutar de un clima soleado todo el año. Los rayos del sol nos ayudan a nosotros y a mi abuelita a sentirnos mucho mejor.

Cuidar a mi abuelita puede ser difícil y estresante. Siempre está desorientada. No sabe lo que pasa a su alrededor. Ya no puede hablar. A veces, hace sonidos. Pero no son palabras.

A la hora de comer, mi abuelita puede comer por sí sola. Pero necesita ayuda con todo lo demás. No sabe dónde está su ropa. Así que yo usualmente ayudarla a vestirse. Mi hermana a menudo ayudarla a ir al baño.

A mi abuelita siempre le encantó la música. ¡Aún le gusta mucho! Su enfermedad no ha cambiado eso. Cada vez que oye música, se pone a bailar. La música parece hacerla feliz.

Mi abuelita nos mira a mi hermana y a mí durante nuestras prácticas de baile. Pero a veces, se pone en el medio. Ella oye música y quiere bailar con nosotros.

La enfermedad de mi abuelita está empeorando poco a poco. Antes, tragaba sus pastillas fácilmente con agua. Pero, ahora, se le dificulta un poco. Toma mucha agua extra para tragar las pastillas. Esto hace que tenga accidentes. Usa un pañal para adultos, pero no siempre le ayuda. A veces, no alcanzamos a llevarla al baño a tiempo.

Mamá nos cuenta sobre la vida de mi abuelita
antes de que enfermara de Alzheimer. Le gustaba
cantar, bailar y viajar. Me gusta escuchar sobre sus
aventuras. Me recuerda cómo era mi abuelita antes.

A veces me pregunto si sentirá frustración que no puede hablar con nosotros. Actúa como una persona diferente a causa de su enfermedad. Pero mamá y papá dicen que, en el fondo, ella es la misma persona. Llevamos a mi abuelita a viajes divertidos. Queremos que su larga vida sea la mejor posible.

Conoce a Elías

¡Hola! Soy Elías. Vivo en Florida con mi familia. Tenemos un perro llamado Coco. Disfruto las matemáticas y la robótica. También me gusta escribir códigos para videojuegos. Además, disfruto bailar con mi hermana. Solemos competir en eventos de baile de salón.

Respetar a las personas con enfermedad de Alzheimer

Una persona con enfermedad de Alzheimer tal vez no recuerde tu nombre ni quién eres. Puede ser que no esté consciente de lo que sucede a su alrededor. Sé comprensivo y amable.

Quizá necesite tiempo extra para hacer las cosas. Sé paciente con ella y no la apresures.

Aunque alguien con enfermedad de Alzheimer tal vez no hable mucho, aún así puedes establecer una conexión. Podrían disfrutar juntos de un pícnic en el jardín. Podrían observar juntos a los perros en un parque para perros.

Para demostrarle que te importa, busca formas en las que pueda disfrutar de los sentidos. Dale flores bellas para que las huela. Escuchen música juntos y toma su mano.

Ayúdale a verse y a sentirse lo mejor posible. Podrías cepillar su cabello o darle un masaje en las manos con alguna crema.

Una persona con enfermedad de Alzheimer podría ponerse de mal humor o enojarse rápidamente. Podría no entender lo que estás diciendo. No discutas. En lugar de eso, escúchala hablar sobre sus sentimientos.

Podría cansarse de estar con mucha gente. Deja que descanse o tome una siesta en un lugar tranquilo.

Palabras útiles

desorientación El estado de no estar consciente de tus alrededores.

frustrado Sentirse impotente, desanimado o desconcertado.

inspirar Impulsar a la acción.

jubilarse Dejar de trabajar en un empleo fuera de casa, comúnmente al cumplir cierta edad.

robótica El estudio de cómo hacer y usar robots para que hagan trabajos y tareas de los humanos.